SYRIE CENTRALE

ARCHITECTURE

CIVILE ET RELIGIEUSE

TOME SECOND

PARIS

TYPOGRAPHIE GEORGES CHAMEROT

19, RUE DES SAINTS-PÈRES, 19

SYRIE CENTRALE

ARCHITECTURE

CIVILE ET RELIGIEUSE

DU Ier AU VIIe SIÈCLE

PAR

Le Cte DE VOGÜÉ

MEMBRE DE L'INSTITUT (ACADÉMIE DES INSCRIPTIONS ET BELLES-LETTRES)
ET DE LA SOCIÉTÉ DES ANTIQUAIRES DE FRANCE

TOME SECOND

PLANCHES

PARIS

J. BAUDRY, LIBRAIRE-ÉDITEUR

15, RUE DES SAINTS-PÈRES, 15

—

1865-1877

PLANCHES CONTENUES DANS LE TOME PREMIER

PLANCHES 1 A 58.

HAOURAN, SAFA. — PROVINCE DE DAMAS.

DJEBEL RIHA.

Paris. — Typographie Georges Chamerot, rue des Saints-Pères, 19.

PLANCHES

PLANCHES

(Suite)

PLANCHES CONTENUES DANS LE TOME II

M. de Jaquis et E. Duthoit
Aug.te Bouillaumont sc.
Imp. Lemercier, Paris

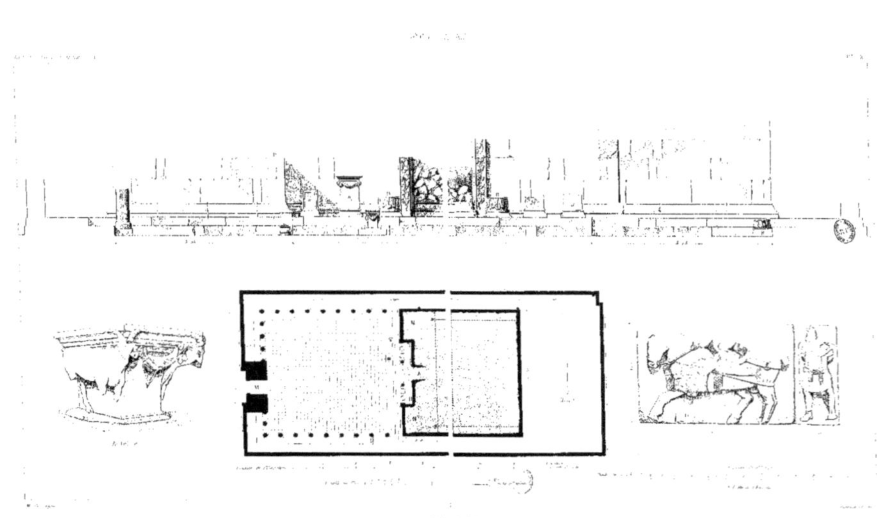

ΜΑΛΕΙΧΑΘΟΣ ΜΟΛΙΕΡ

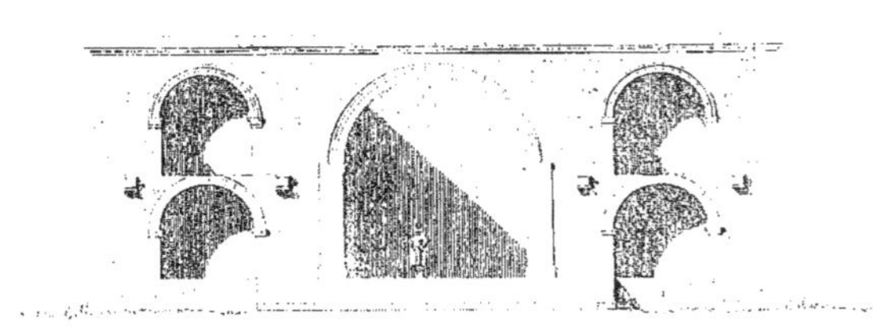

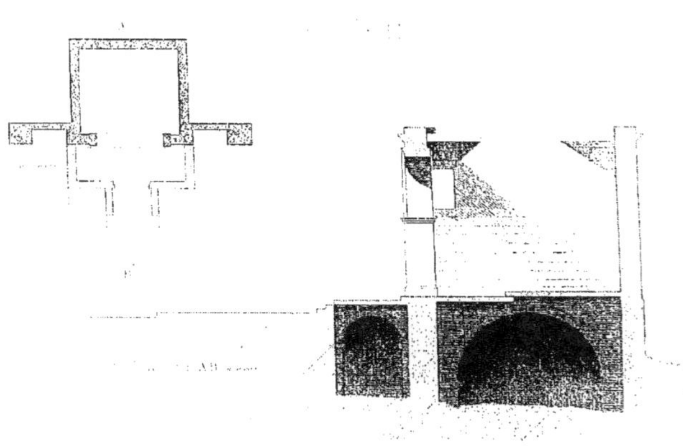

MOUSMIEH

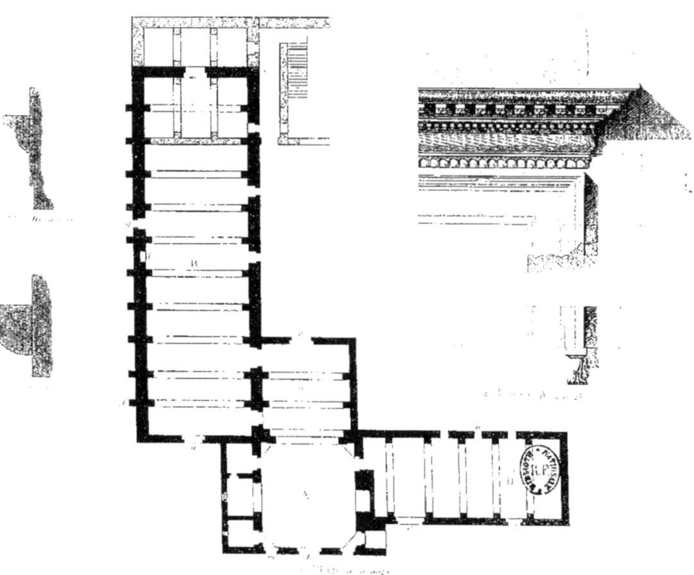

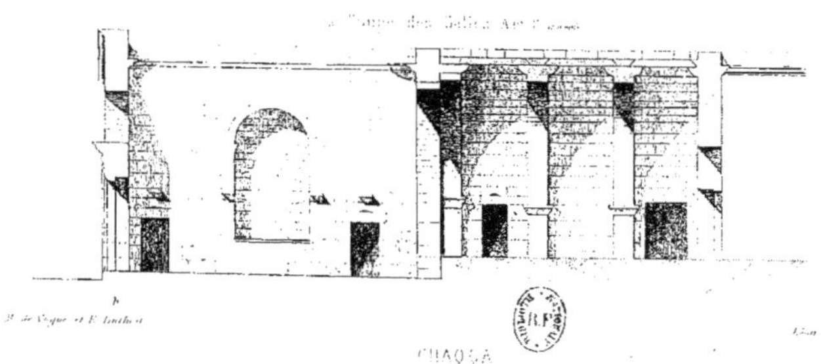

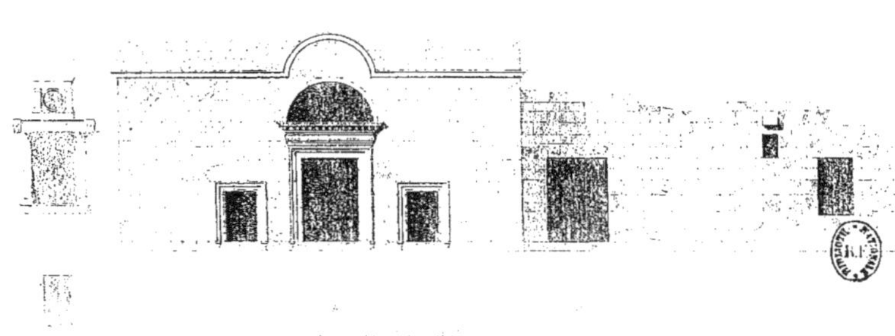

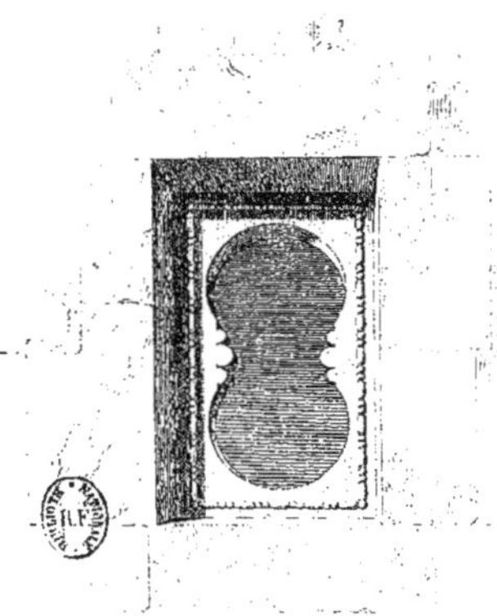

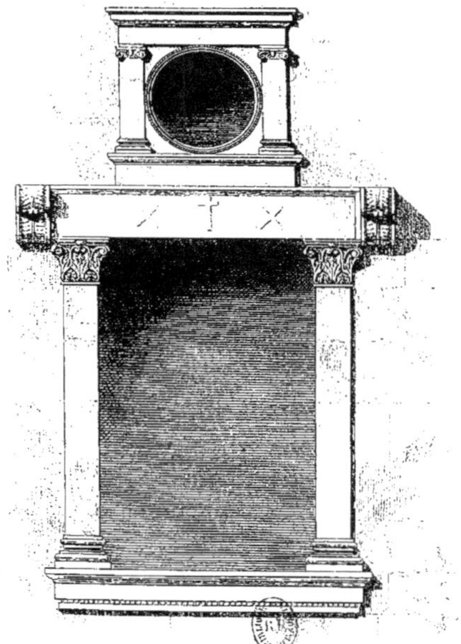

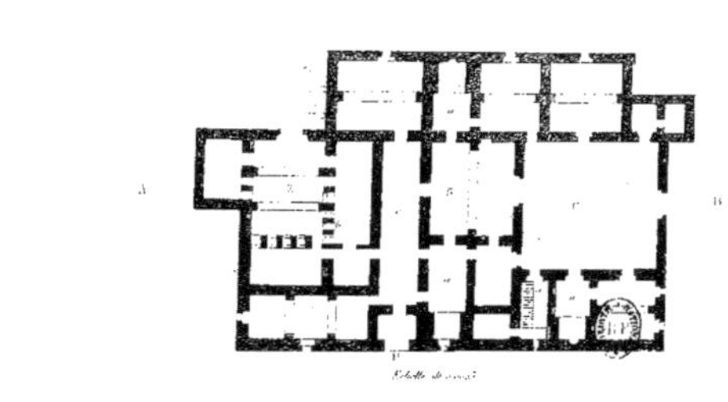

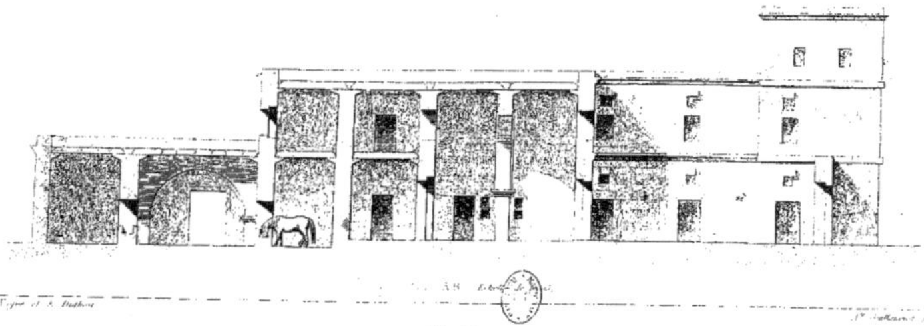

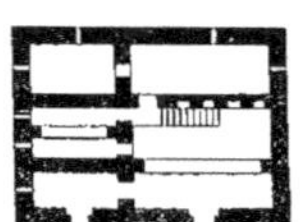

V. de Vogüé et E. Duthoit
Louis Gaucherel sc.

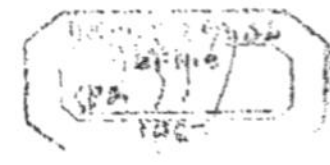

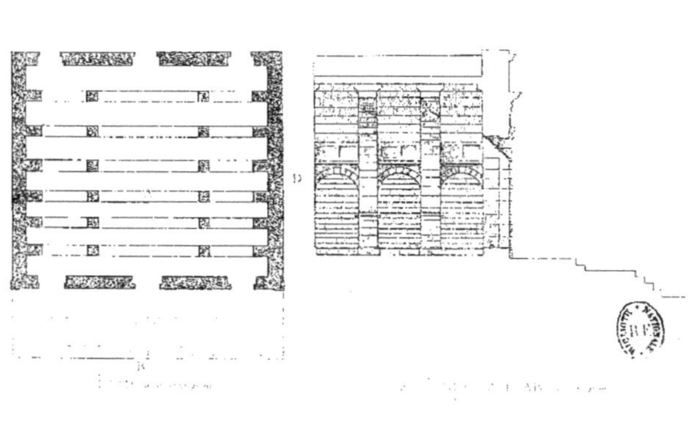

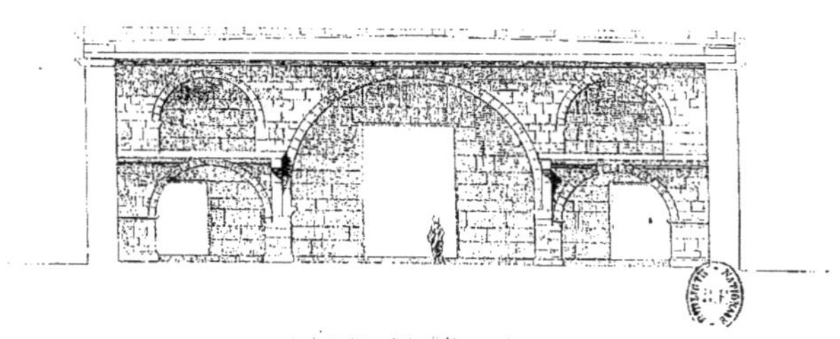

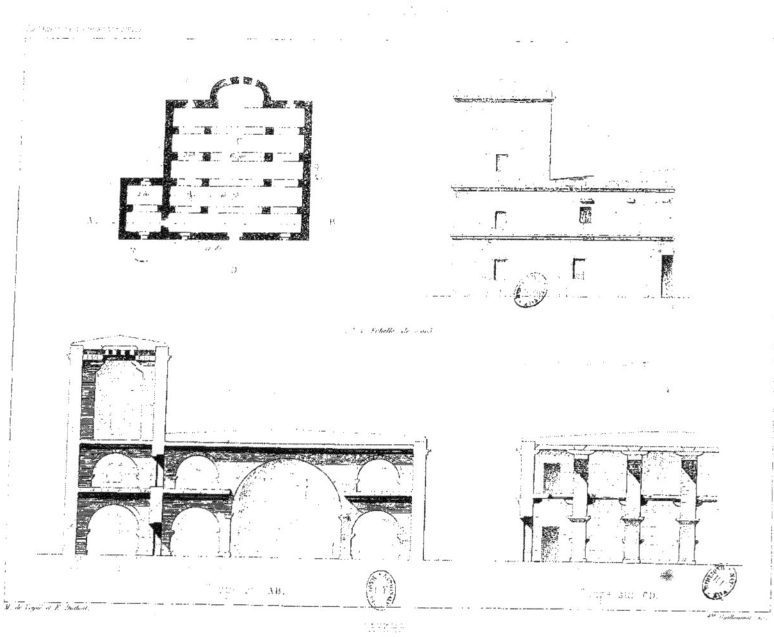

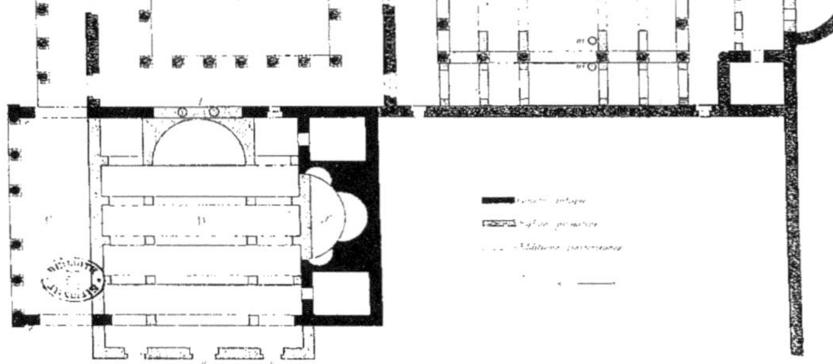

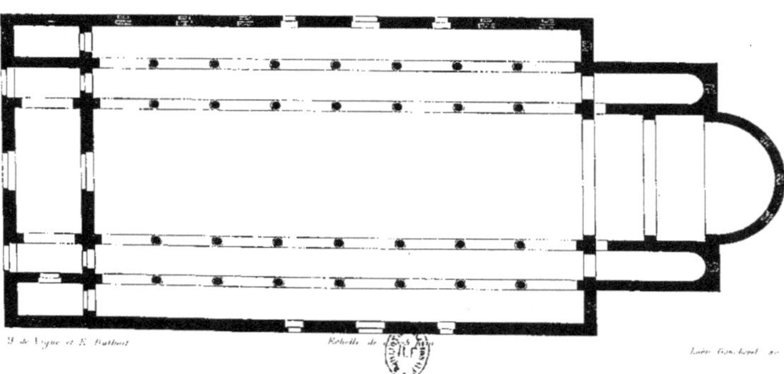

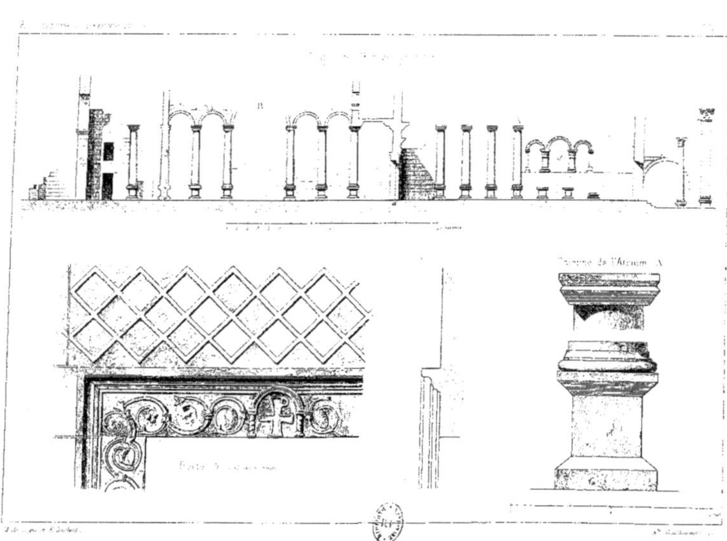

Colonne de l'Atrium. A

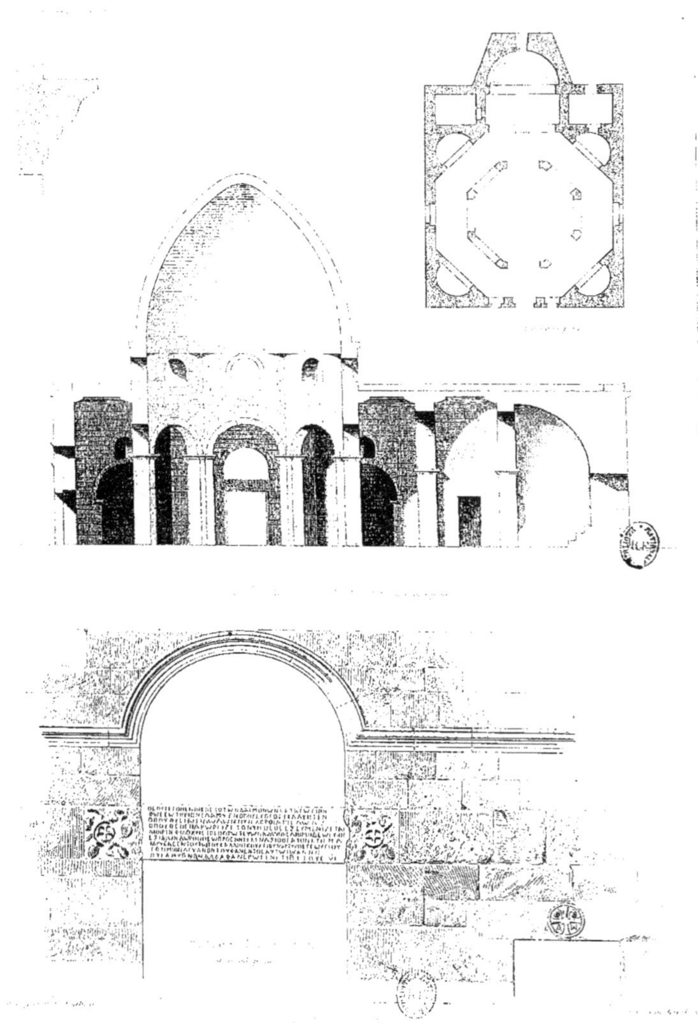

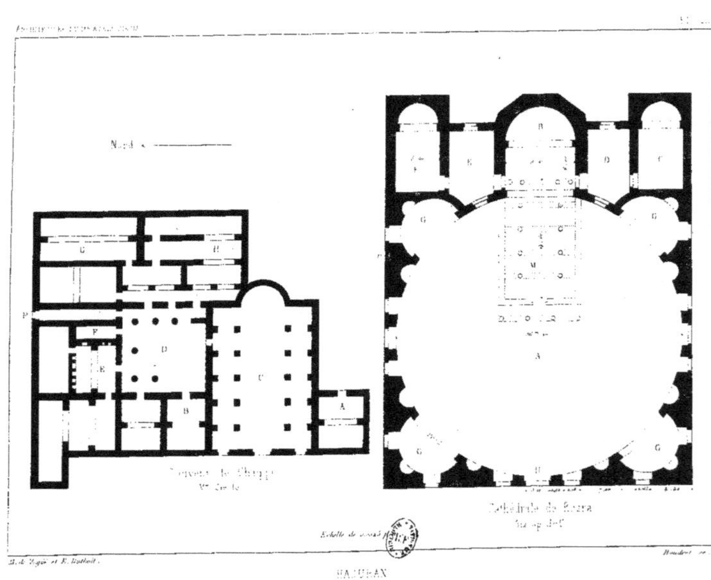

M. de Vogüé et E. Duthoit.

HAURAN

J. Baudry, Éditeur.

Baudran sc.

Imp. Lemercier, Paris.

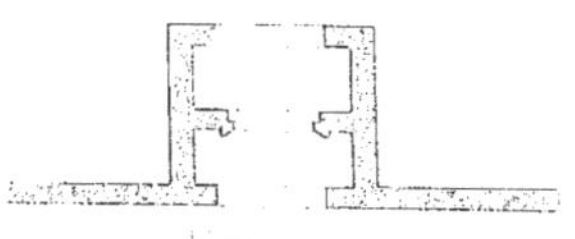

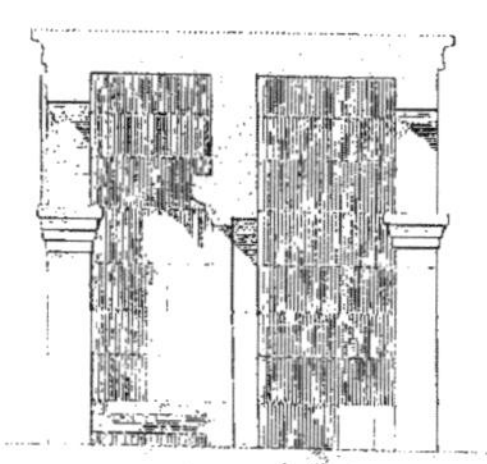

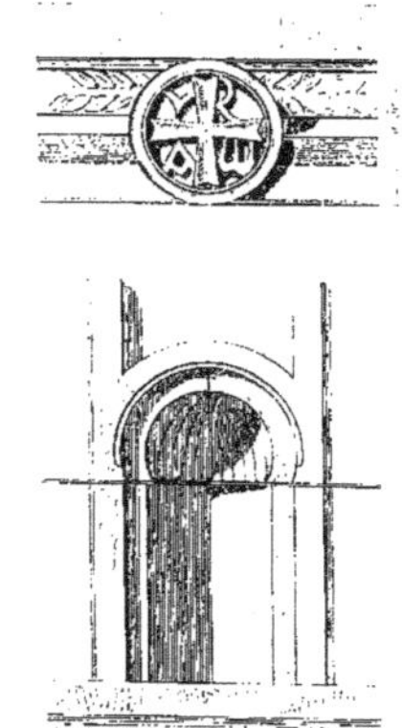

M. de Vogüé et E. Duthoit.

Voillet et Bamber, éditeurs

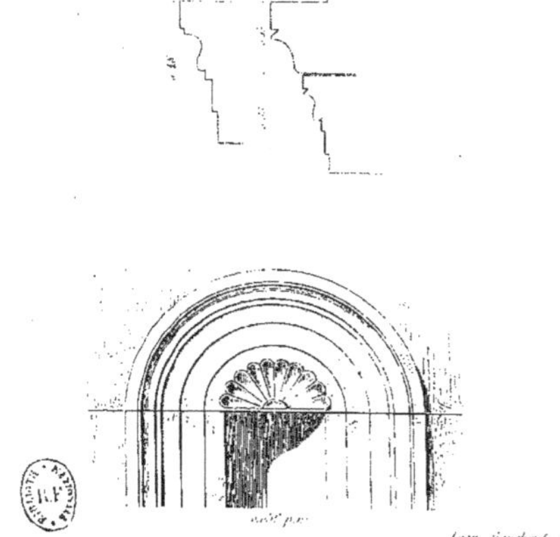

QOURNILLA.

Léon Gaucherel sc.

Imp. Lemercier, Paris

Cuisine souterraine

H. de Joanne et E. Duthoit.
Léon Gaucherel f.
J. Rouchon, Éditeur.
EL BARAH — PRESTON
Imp. Lamoureux, Paris.

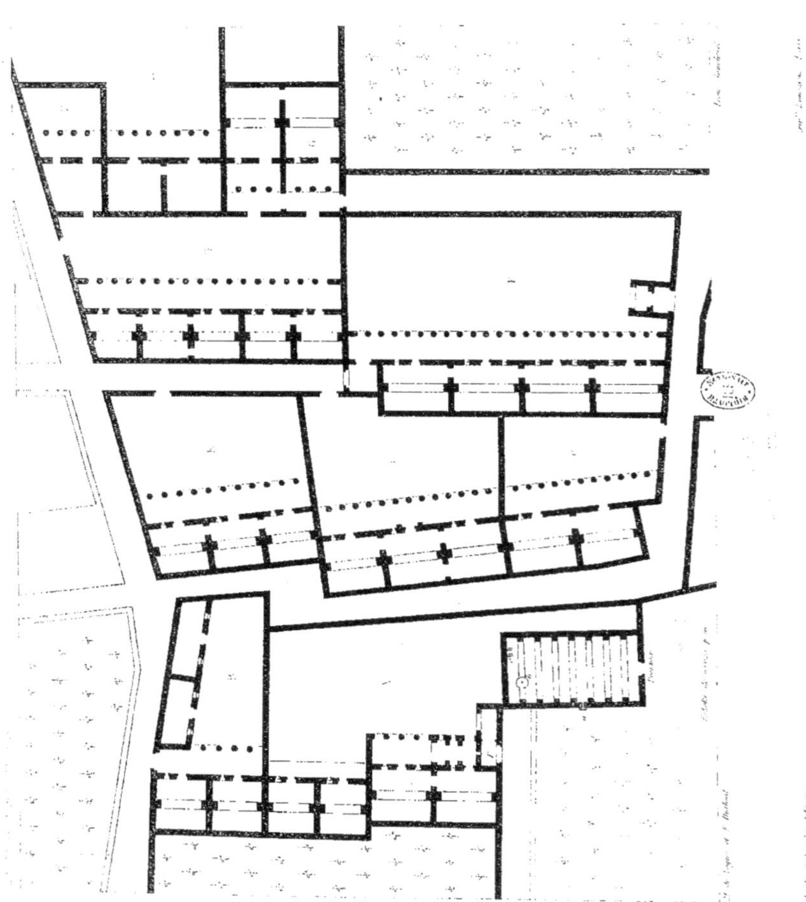

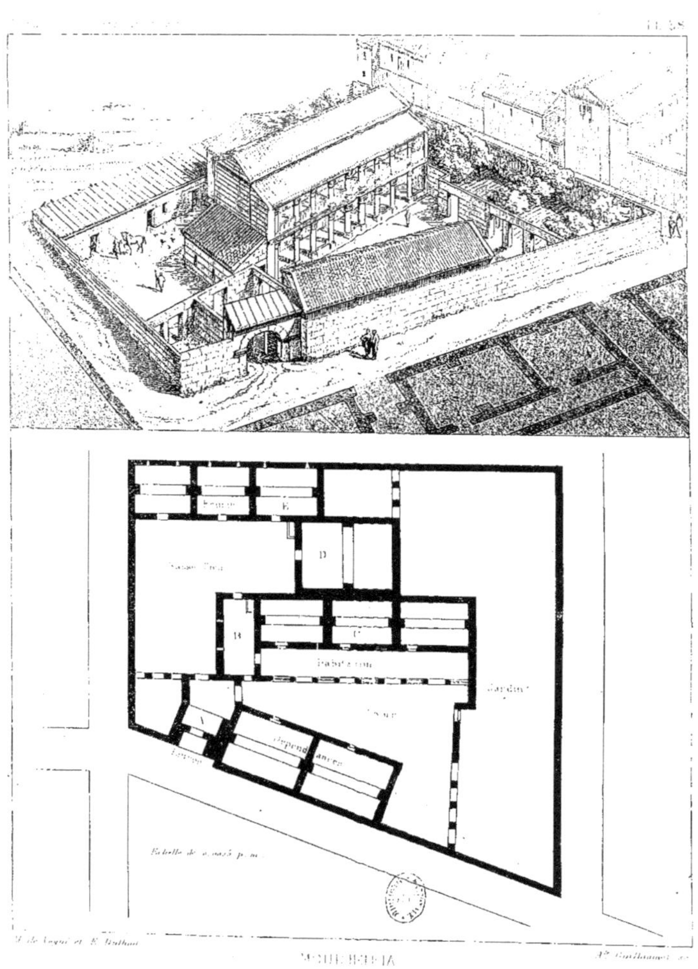
PL. 38
Écurie
E
D
B
C
habitation
Jardin
Cour
Dépendances
Échelle de o,oo5 p. m.

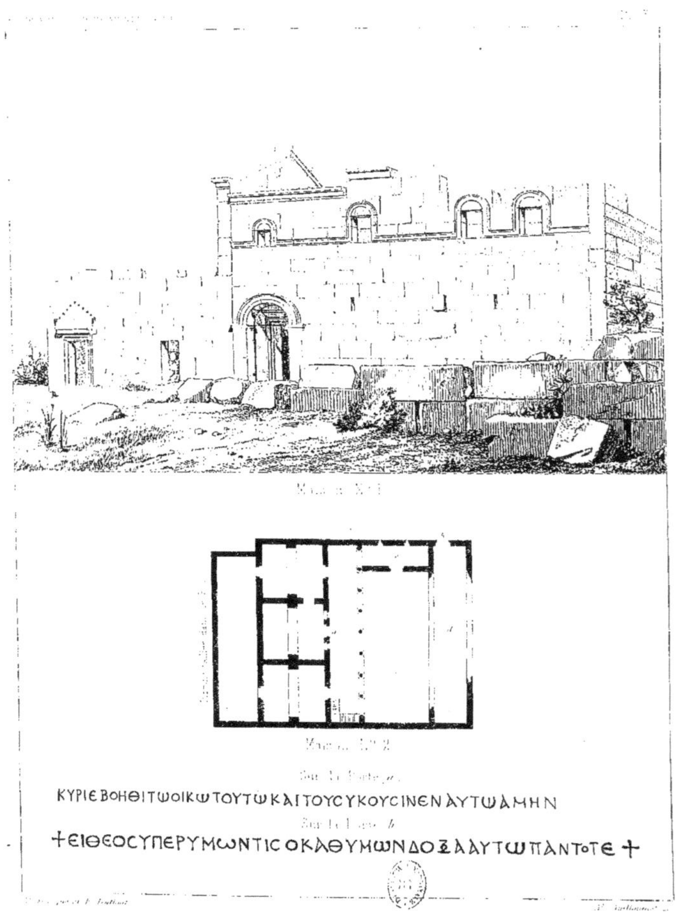

KYPIE BOHΘITWOIKW TOYTW KAI TOYC YKOYCINEN AYTW AMHN
+ EIΘEOCYΠEPYMWNTIC OKAΘYMWNΔOΞAAYTWΠANTOTE +

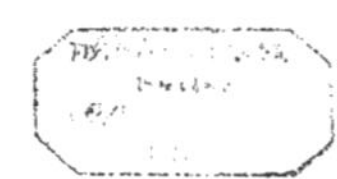

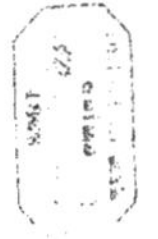

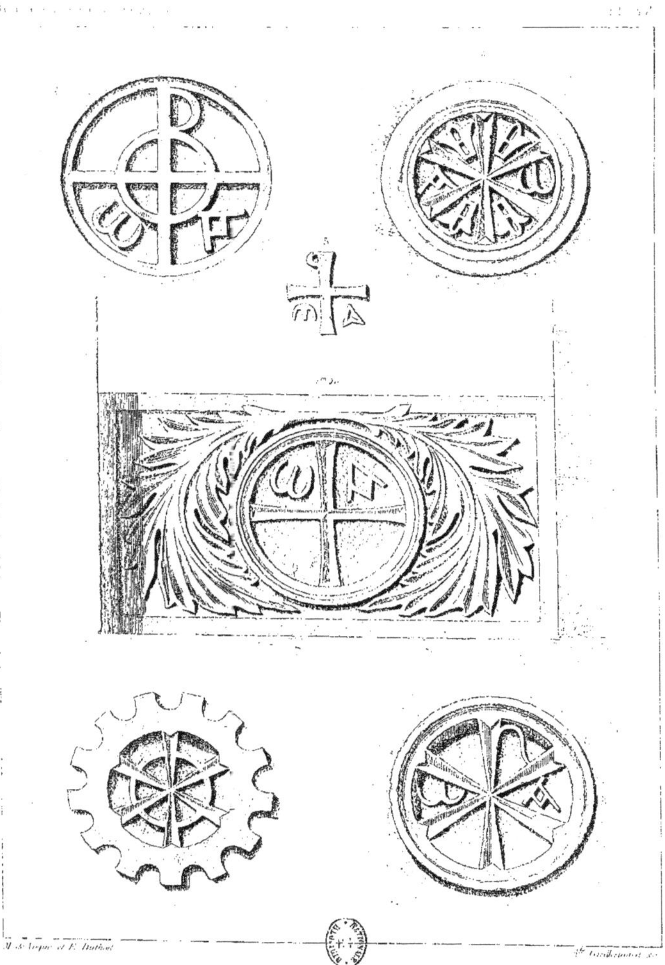

Berhoulla.

Moudjeleïa.

PORTES DE MAISONS.

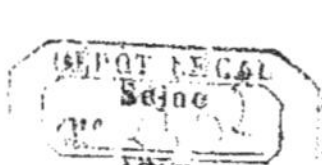

XMГ

ΕΑΝΜΚΑCΜΟΙΕΥΨ ΥΝΗ
+ΛΠΟΚΑΡΠΟΥ
ΛΕΟΥΕΝΕΠΛΗ

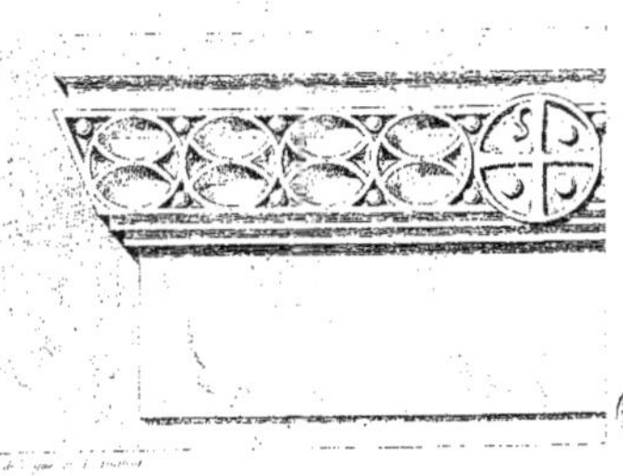

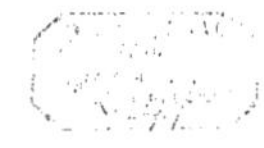

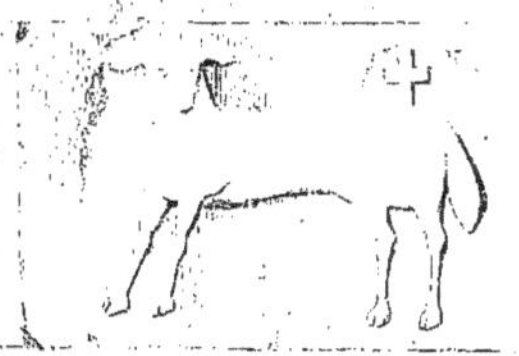

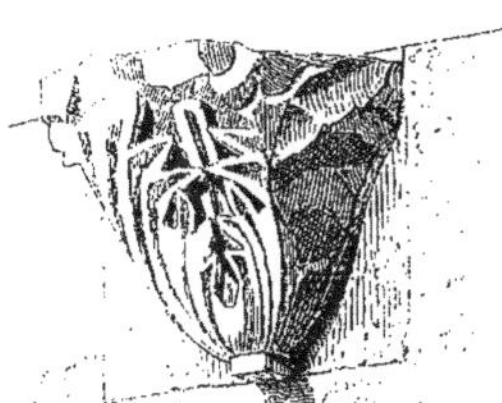

Beit-Soura

M. de Vogüé et E. Duthoit.

Léon Gaucherel sc.

Noblet et Baudry Éditeurs.

Imp. Lemercier Paris.

ARCHITECTURE CIVILE ET RELIGIEUSE DU Ier AU VIIe SIÈCLE
PL. 40
1. Bechoulla

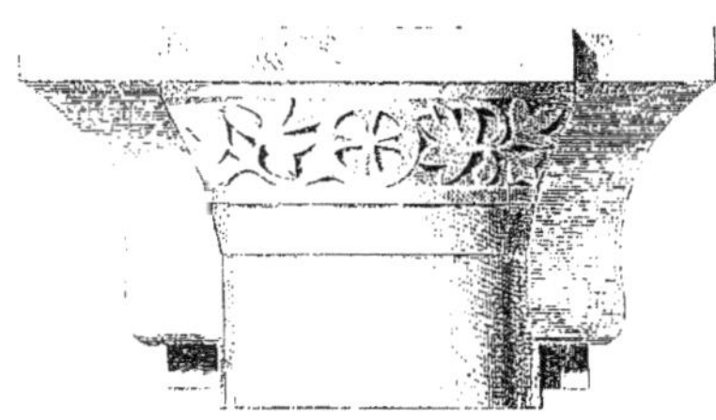
2. Moudjeleia

3. El Barah
4. Serdjilla
M. de Vogüé et E. Duthoit
Léon Gaucherel sc.
DÉTAILS, Nos 3 et 4

Meneaux

Tympan

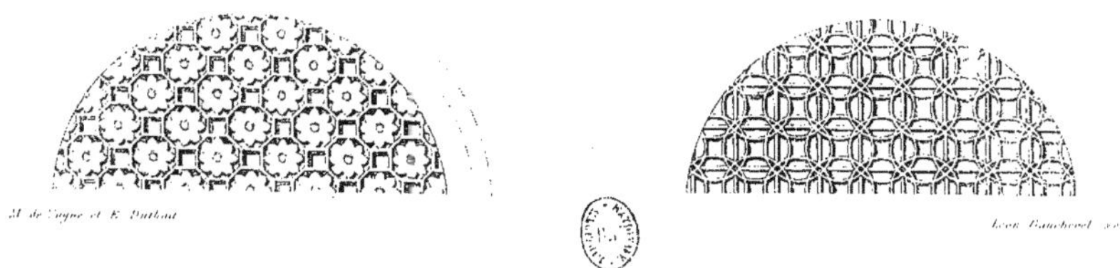

M. de Cagny et E. Duthoit

Léon Gaucherel sc.

LINTEAUX

Noblet et Baudry, Éditeurs.

Imp. Lemercier Paris

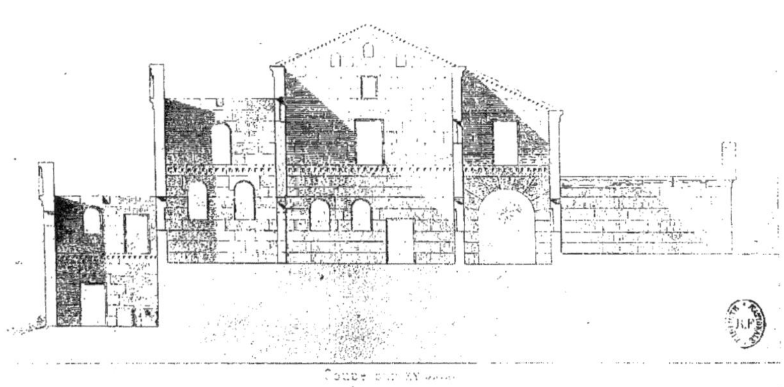

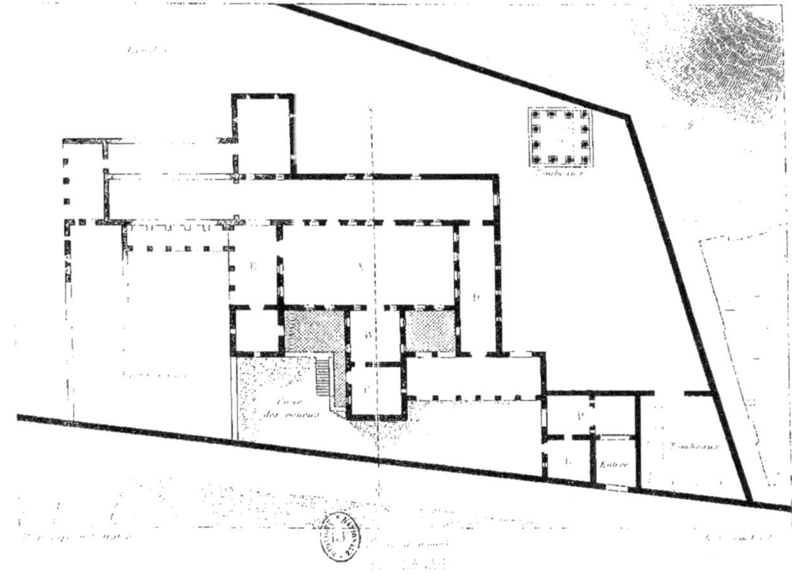

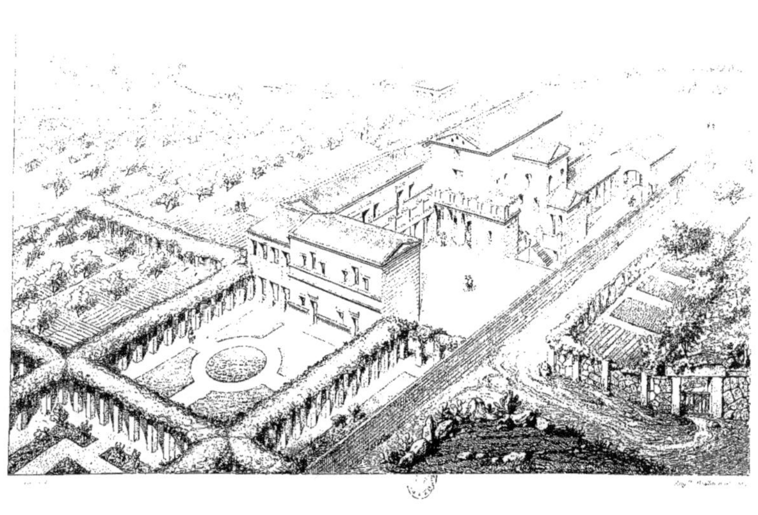

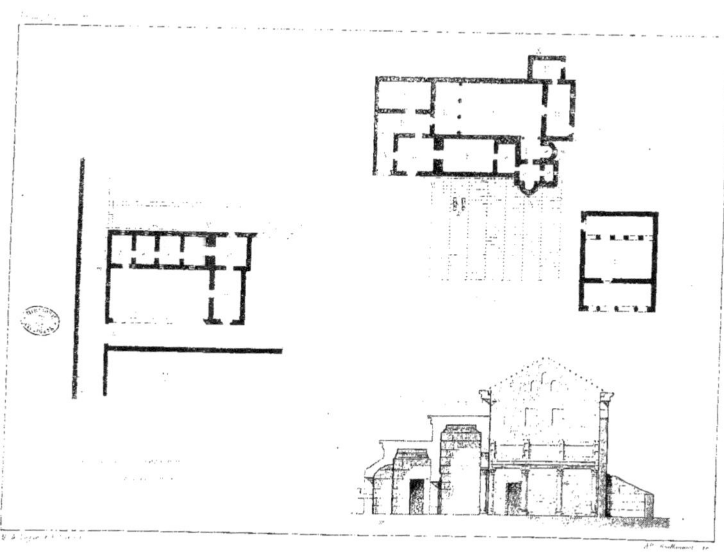

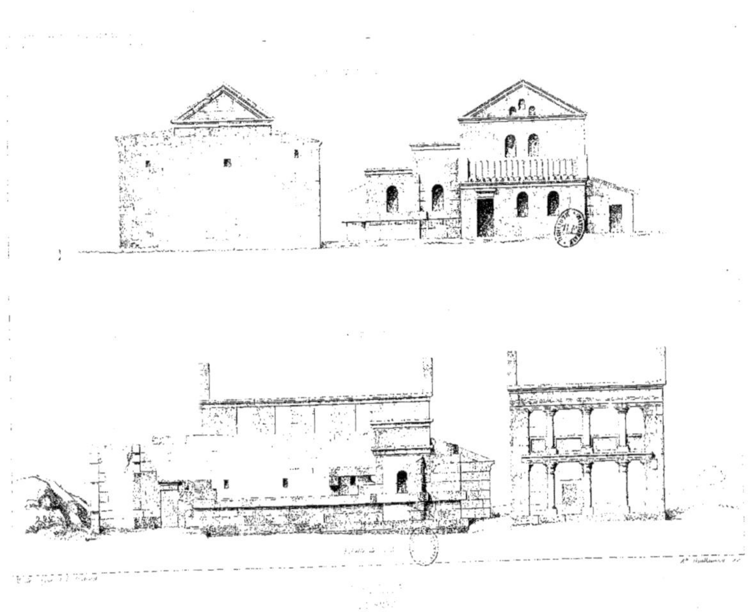

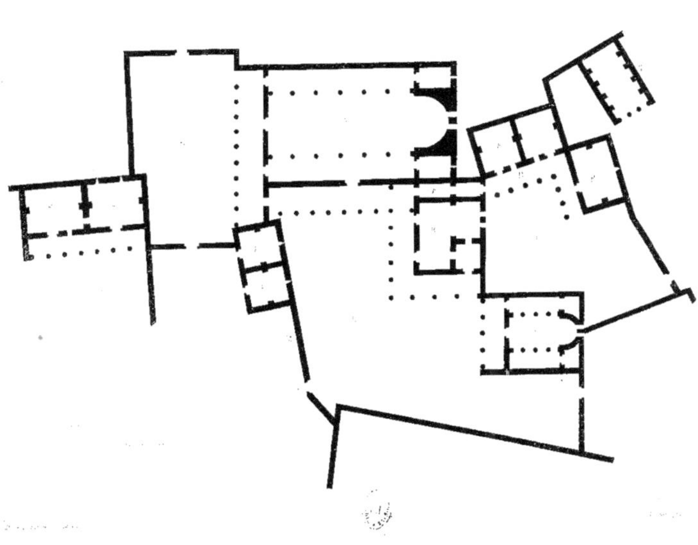

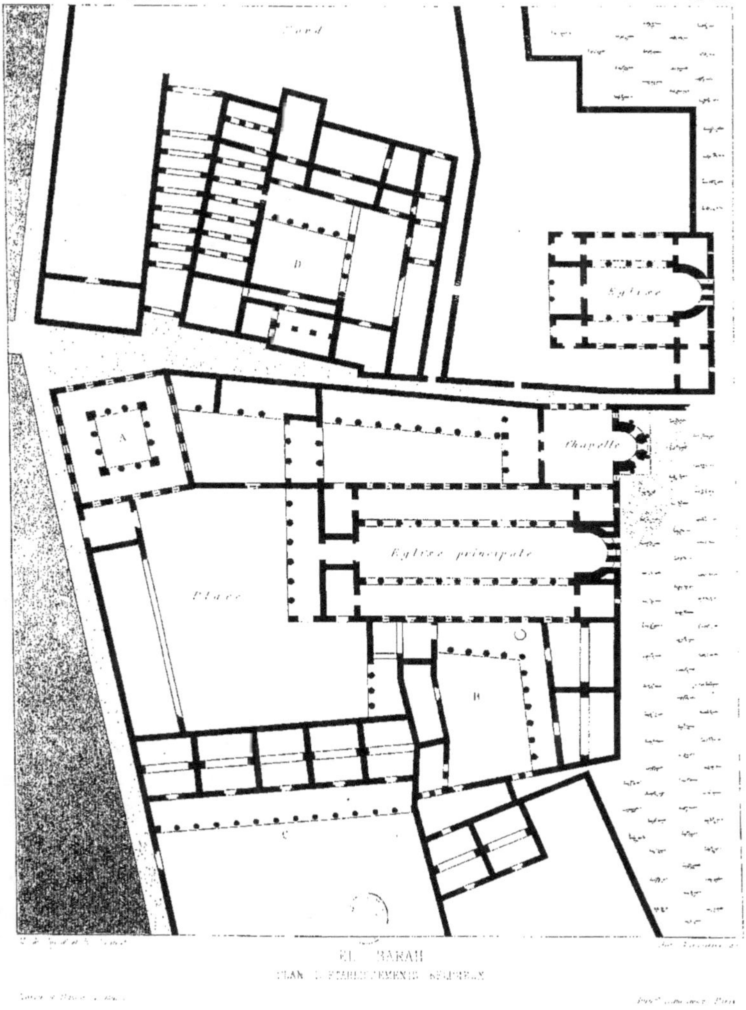

Nord

Église

A

Chapelle

Église principale

Place

Cour

EL BARAH

PLAN D'ÉTABLISSEMENTS SÉPARÉS

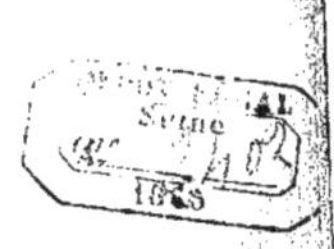

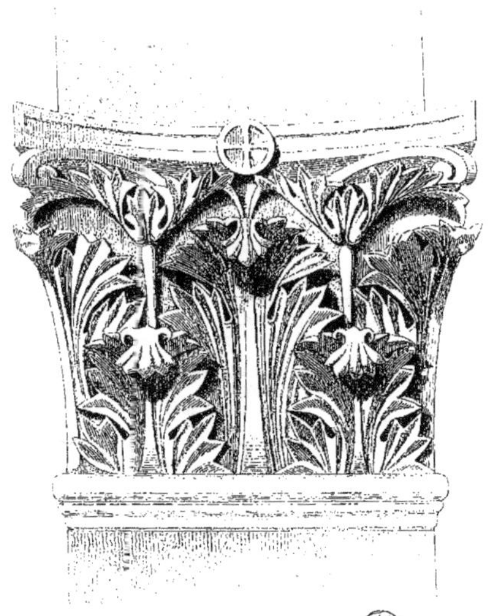

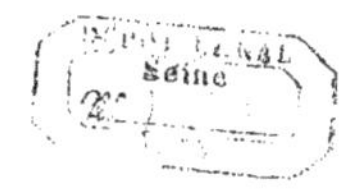

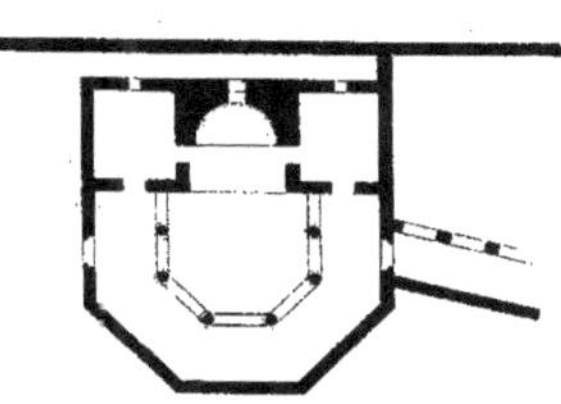

1. Plan à ....

2. Coupe transversale ....

3. Coupe longitudinale ....

MOUDJELEIA.
ÉGLISE.

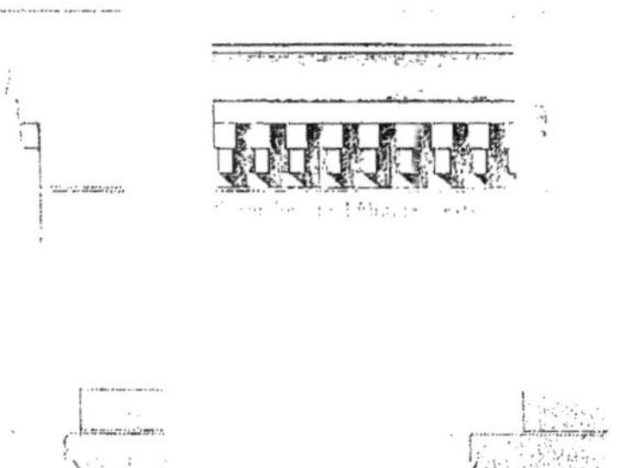

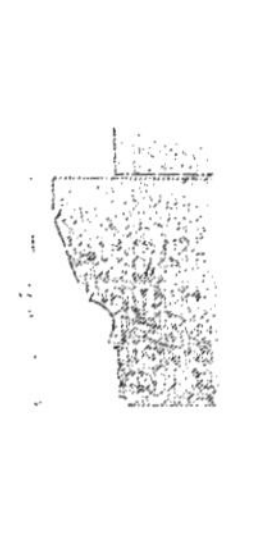

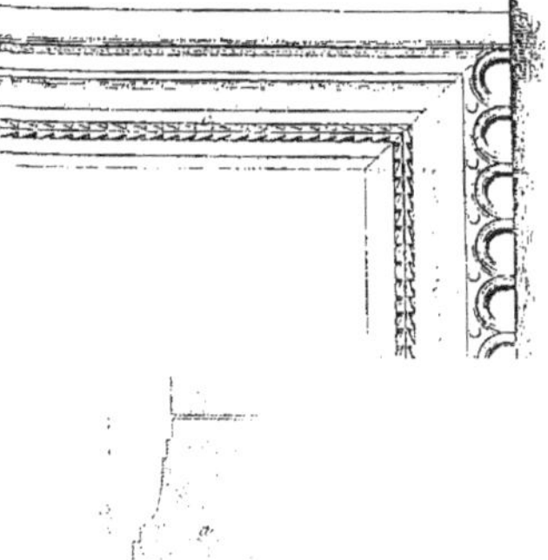

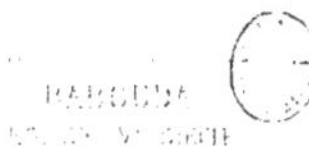

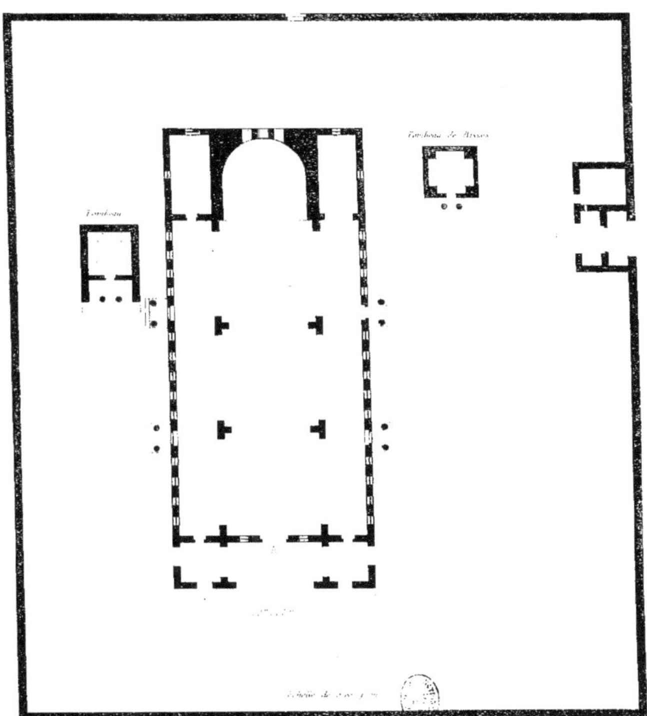

Tombeau
Tombeau de [illegible]

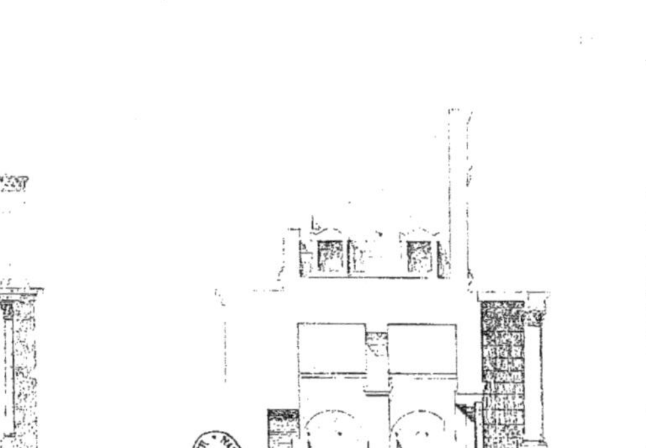

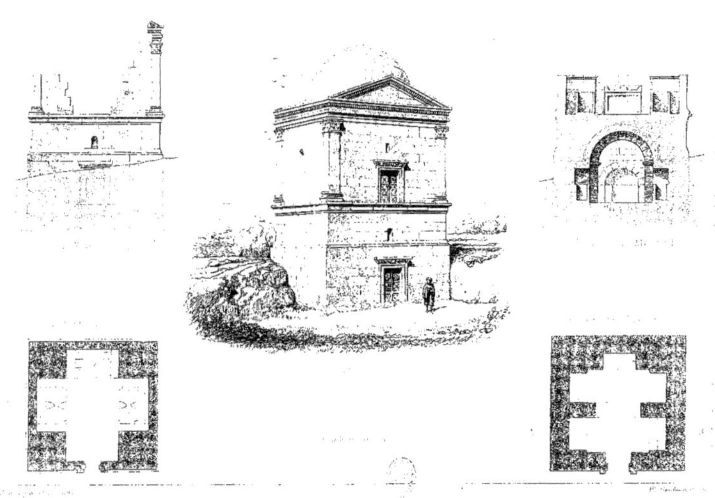

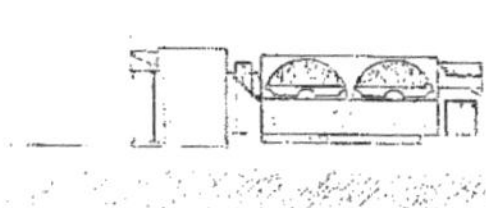

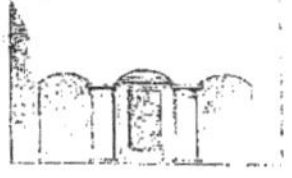

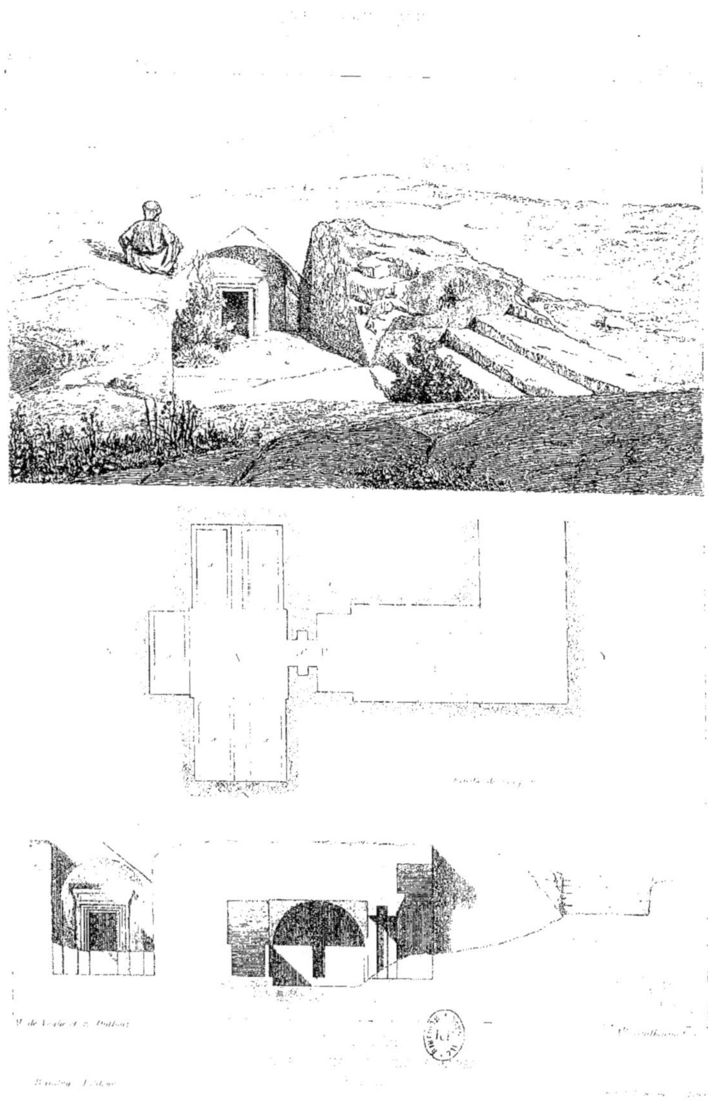

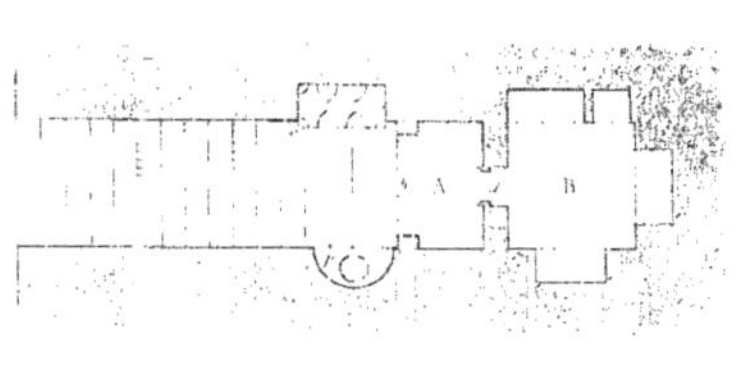

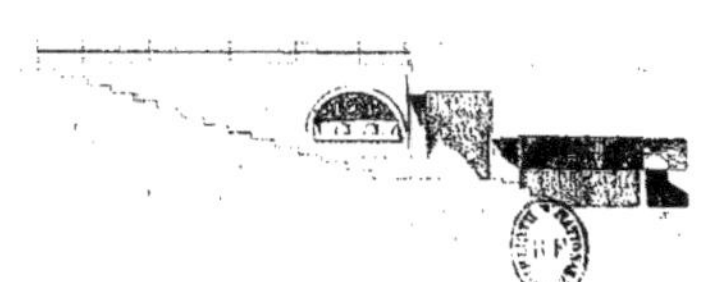

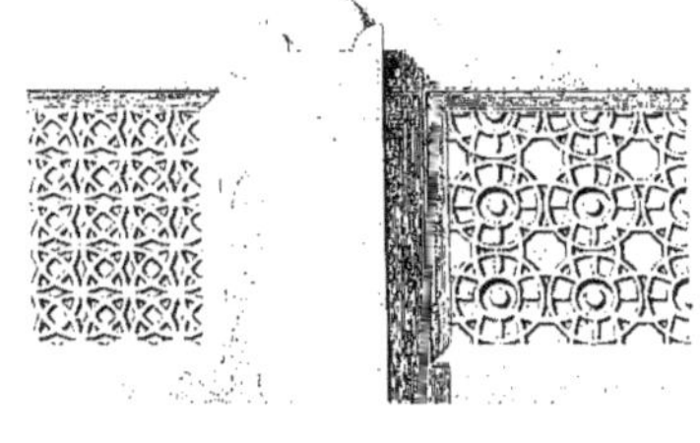

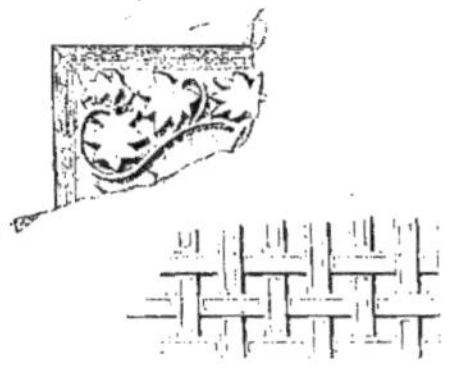

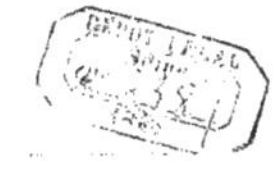

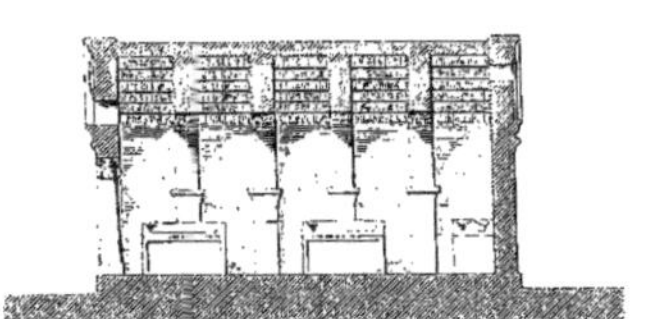

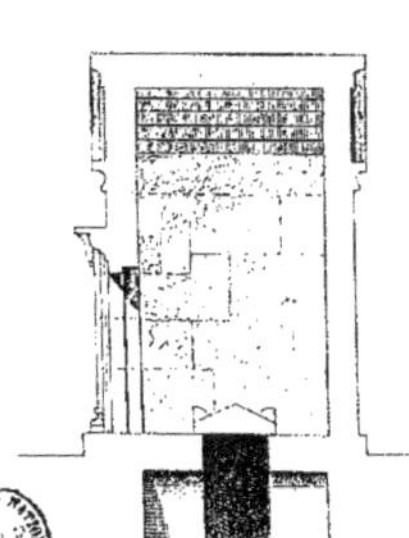

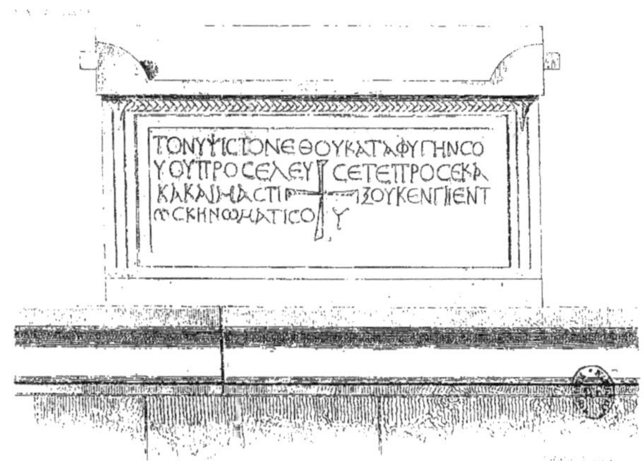
TONYΨICTONEΘOYKATAΦYΓHNCO
YOYΠPOCEΛEY CETEΠPOCEKA
KAKAICMACTIP ZOYKENΓIENT
ωCKHNωMATICOY

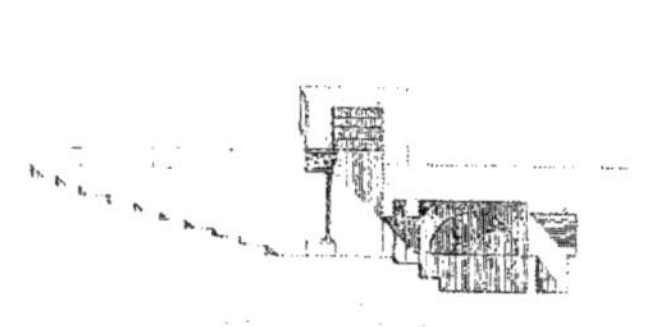

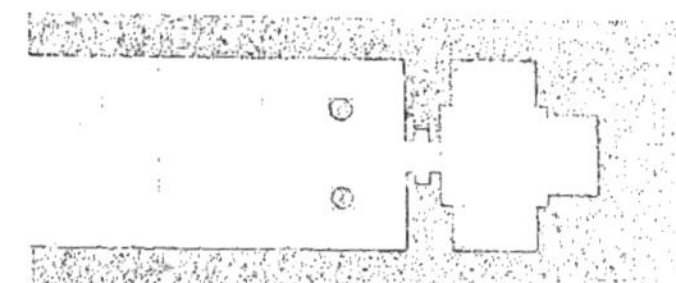

MOUNICHIA

TOMBEAU

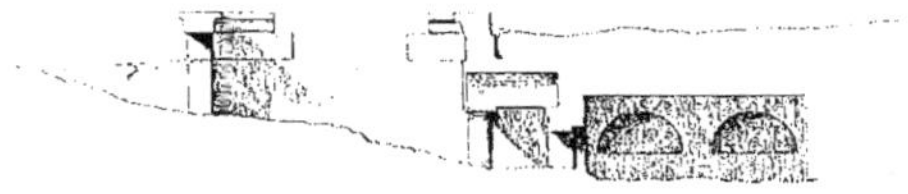

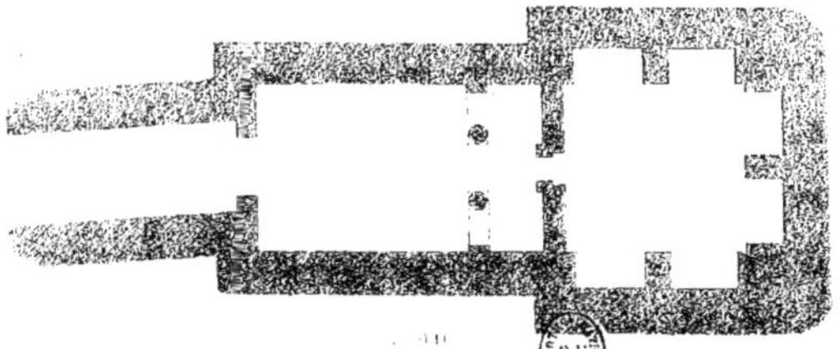

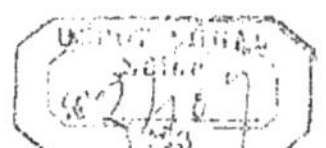

DÉCHIR-EL-AYAH

TOMBEAU DE ...

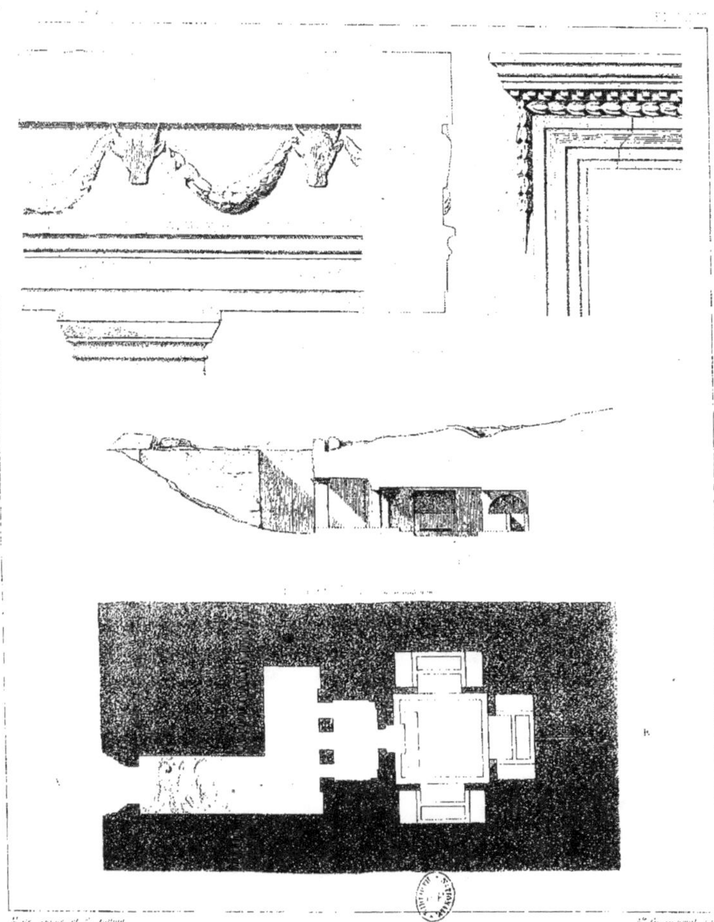

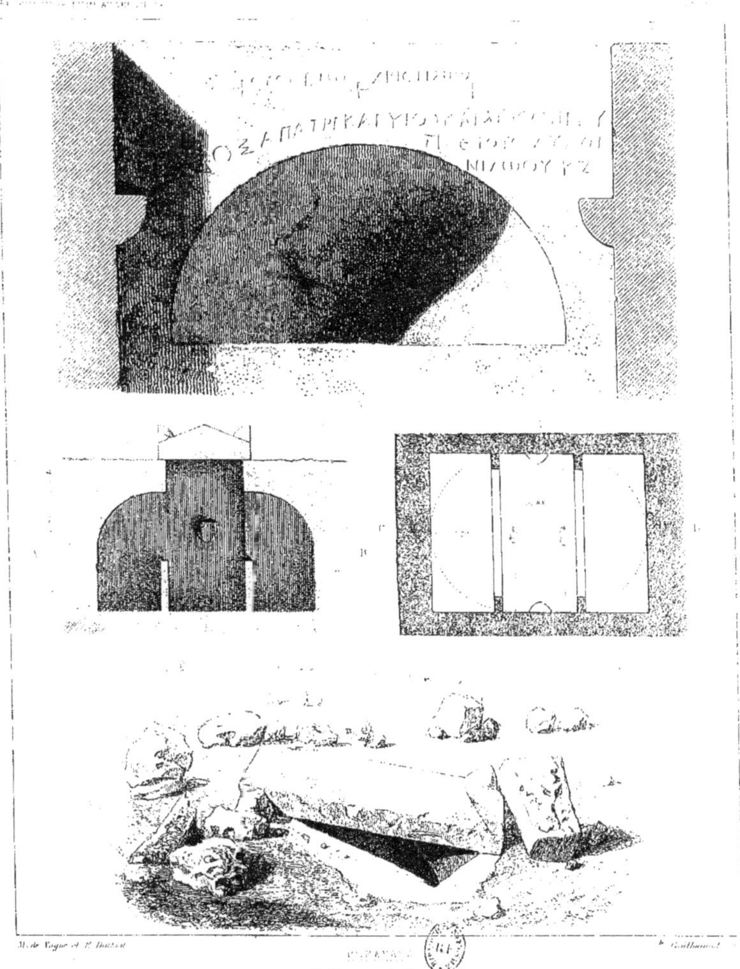

M. de Vogüé et E. Duthoit.   Imp. Guillaumot.

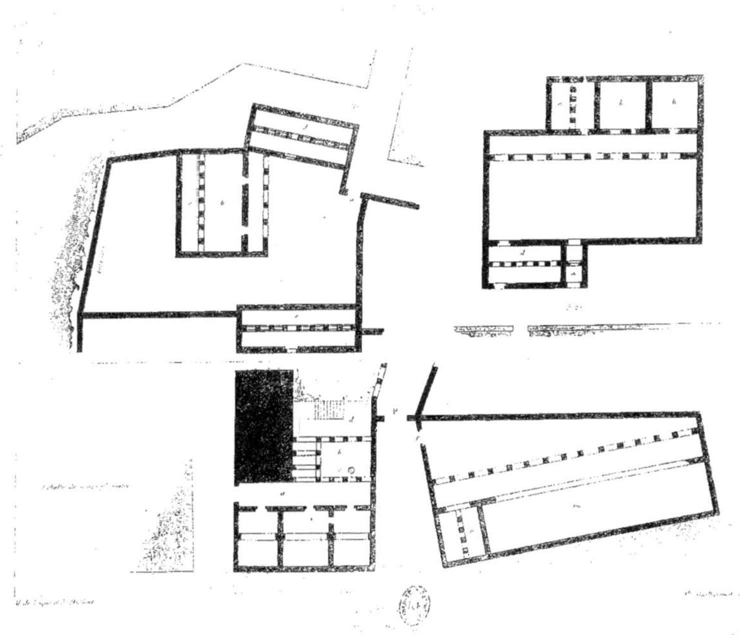

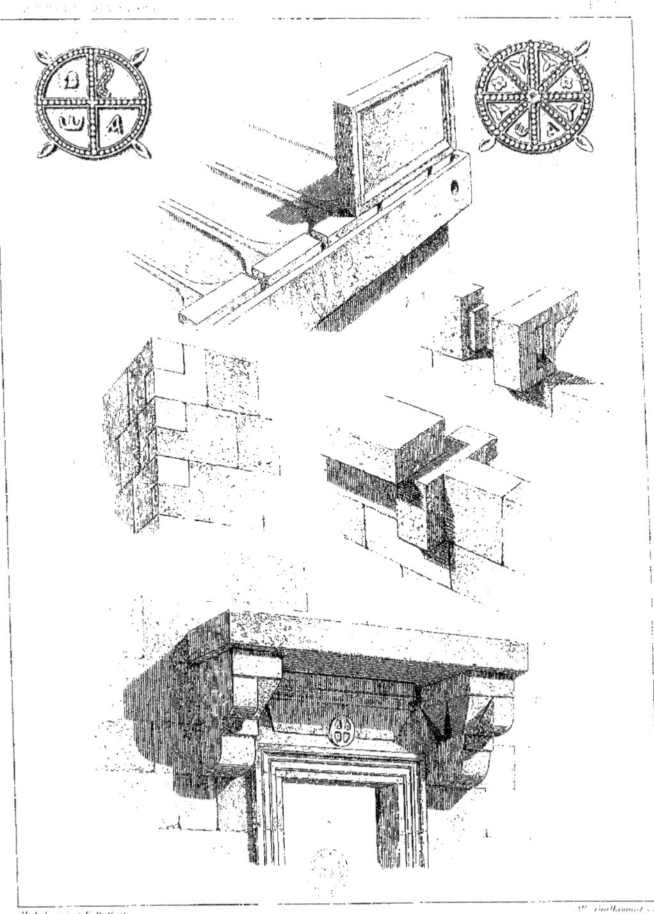

M. de Vogüé et E. Duthoit.   A.ᵉ Guillaumet sc.

J. Baudry, Éditeur.   Imp.ᵉ Lemercier, Paris.

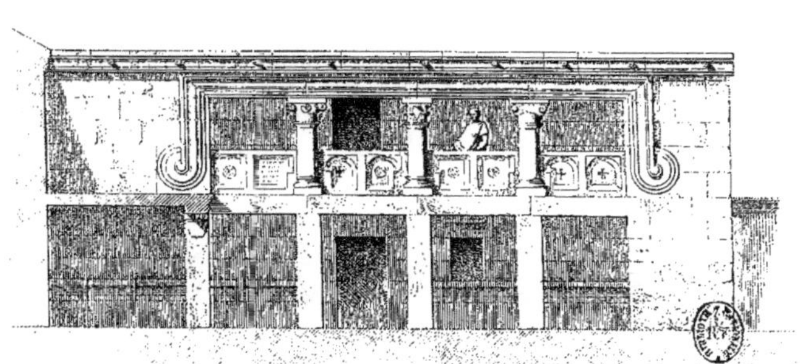

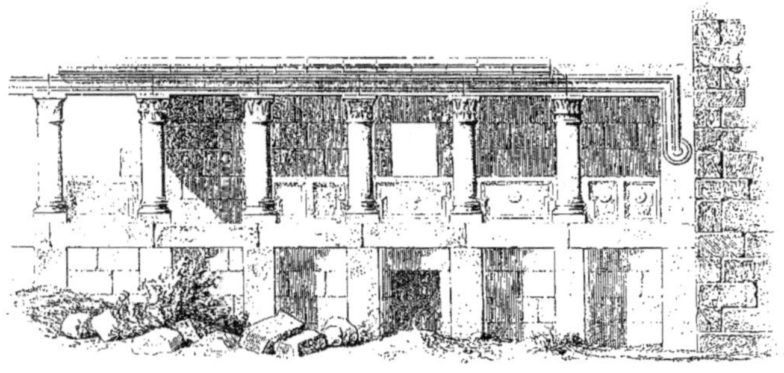

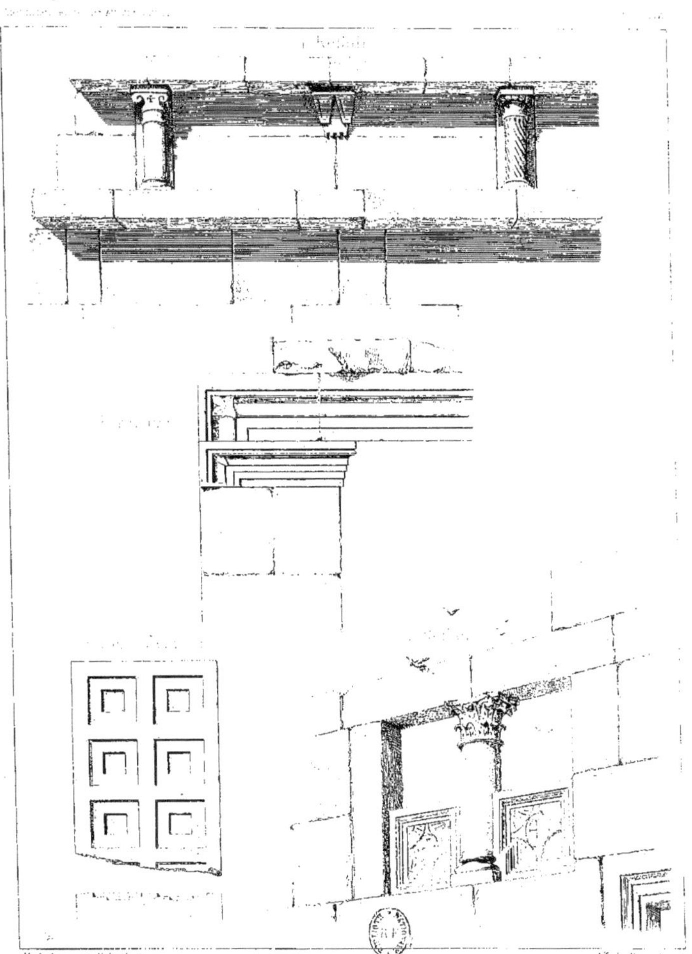

M. de Vogüé et E. Duthoit.

J. Baudry, Éditeur.   Imp. Lemercier, Paris.

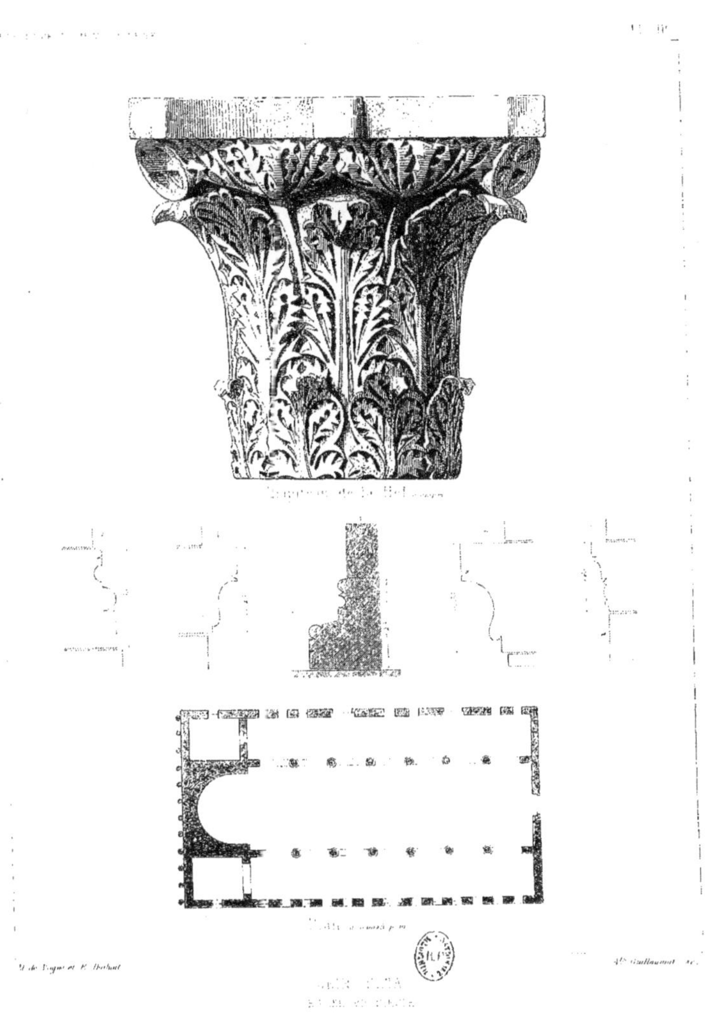

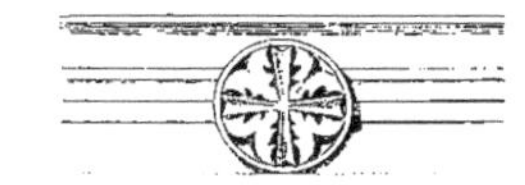

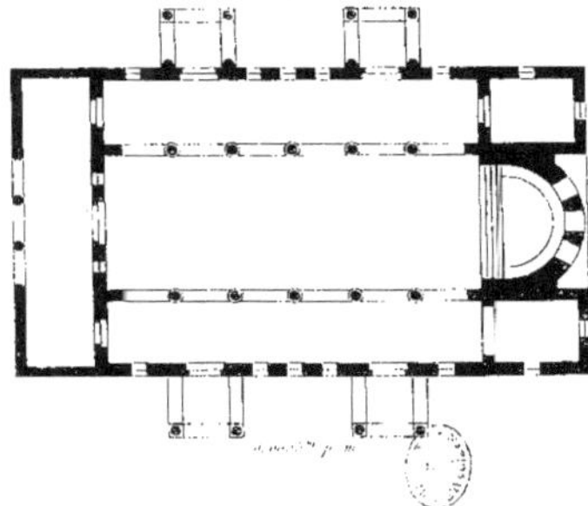

Abside

Échelle de 0.005 p. m

Coupe longitudinale.

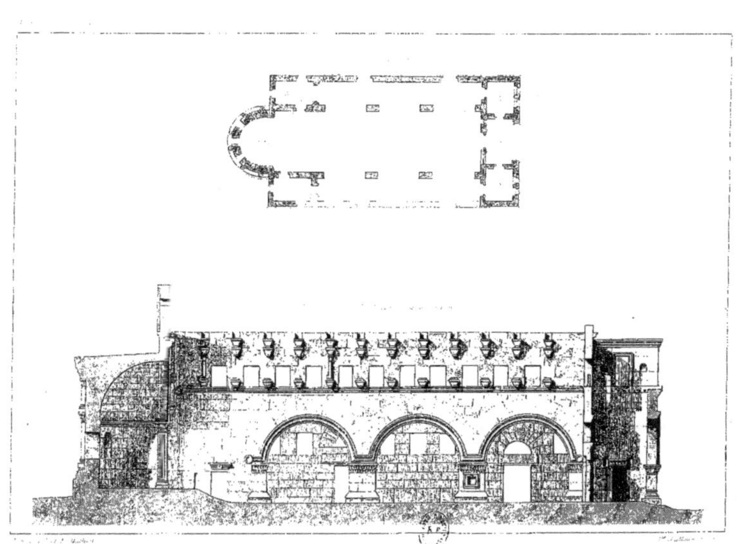

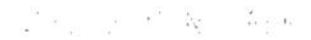

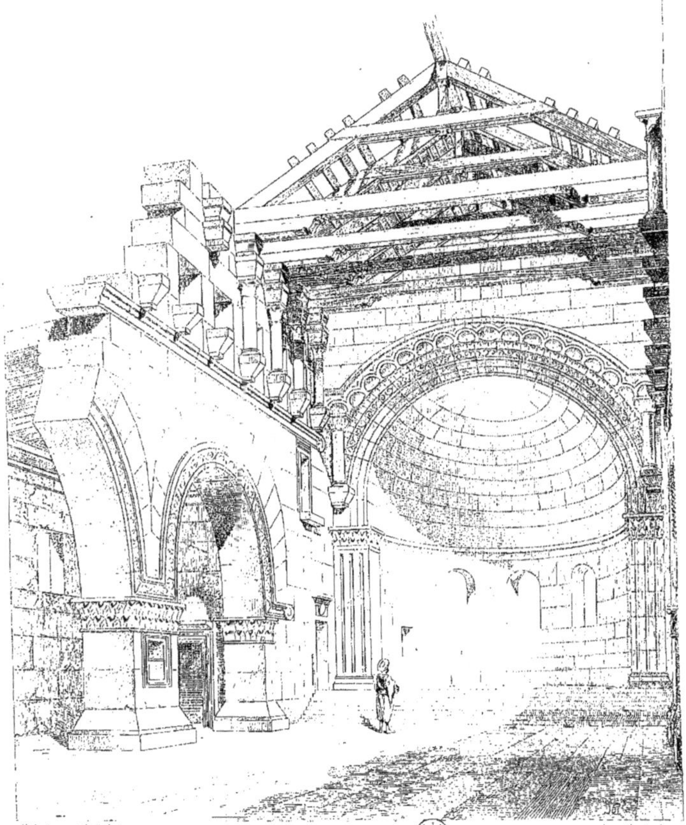

V. de Vogüé et E. Duthoit — Léon Gaucherel sc.

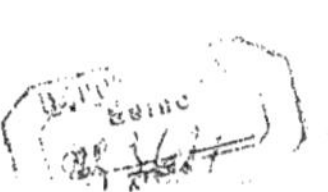

Nord

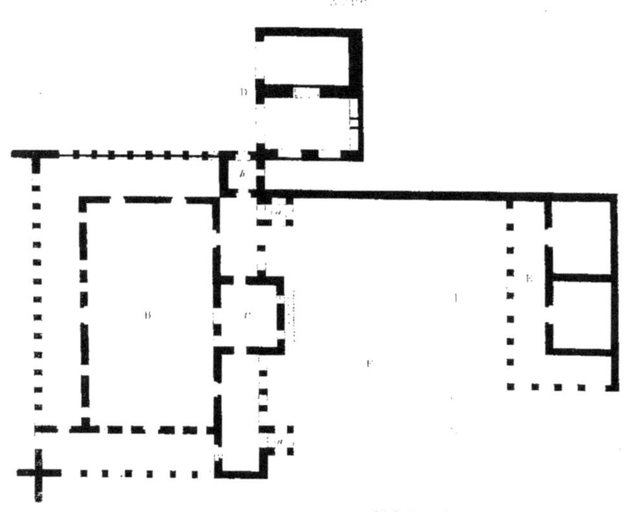

Échelle de ... par m.

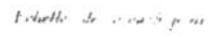

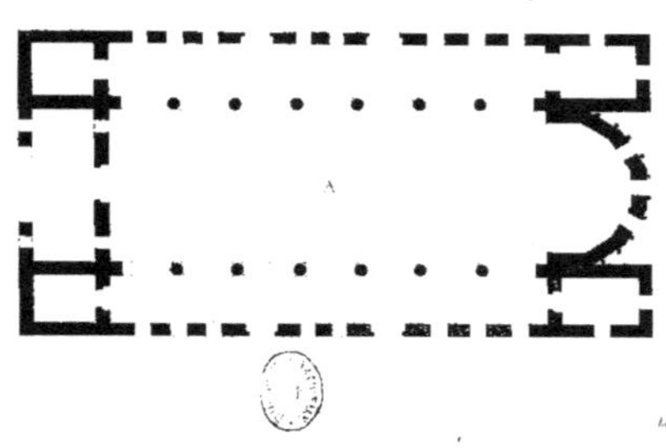

Md de Lagimi et F. Duthoit   Léon Gaucherel sc.

THERMANUM
VUE ...

Viollet et Beaudry, Éditeurs   Imp. Lemercier, Paris

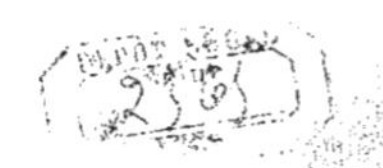

COUPE GÉNÉRALE

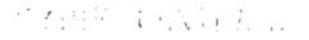

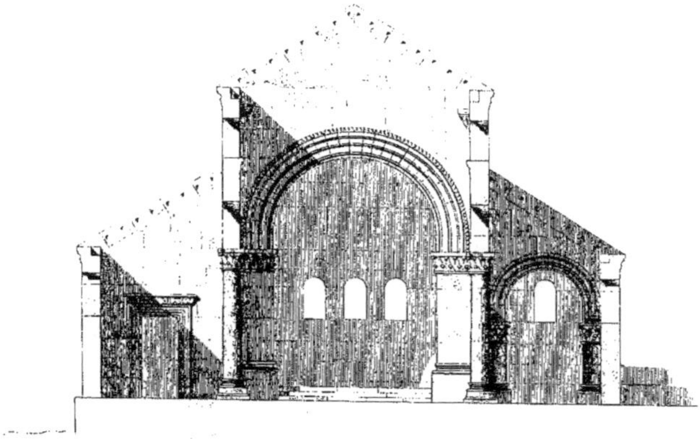

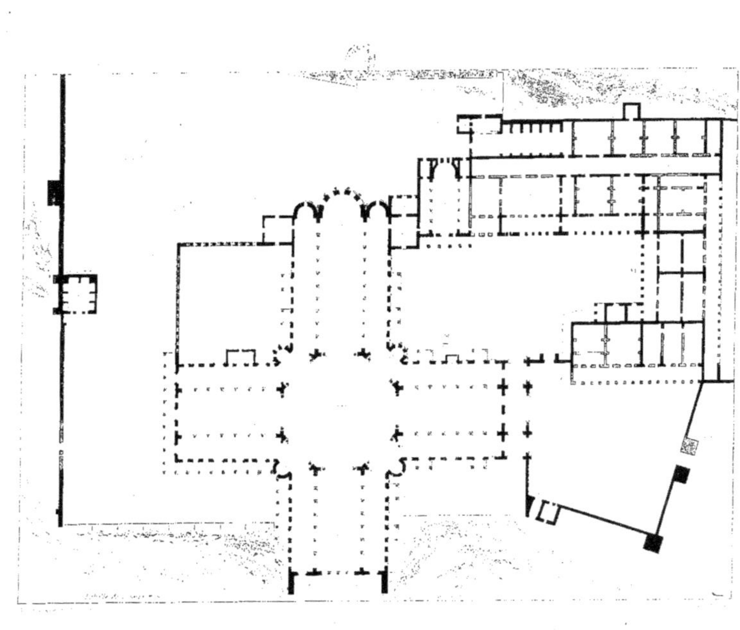

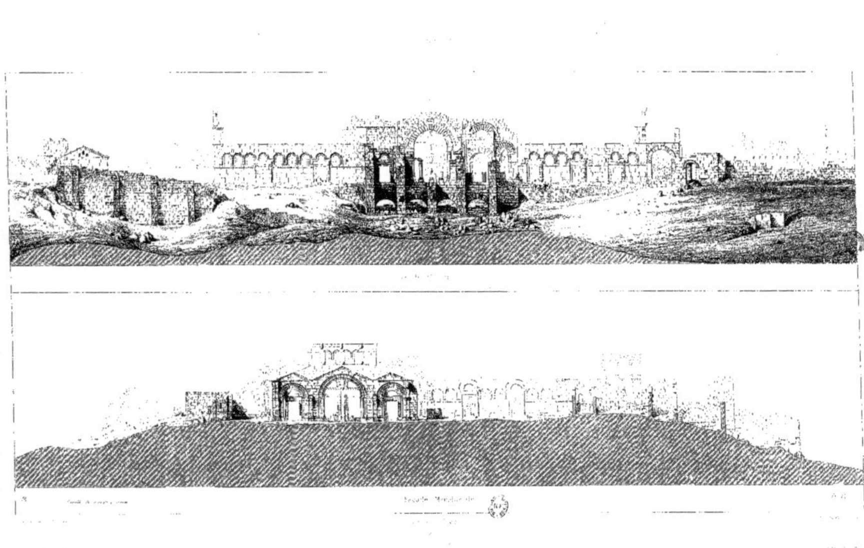

PALAIS ROMAN

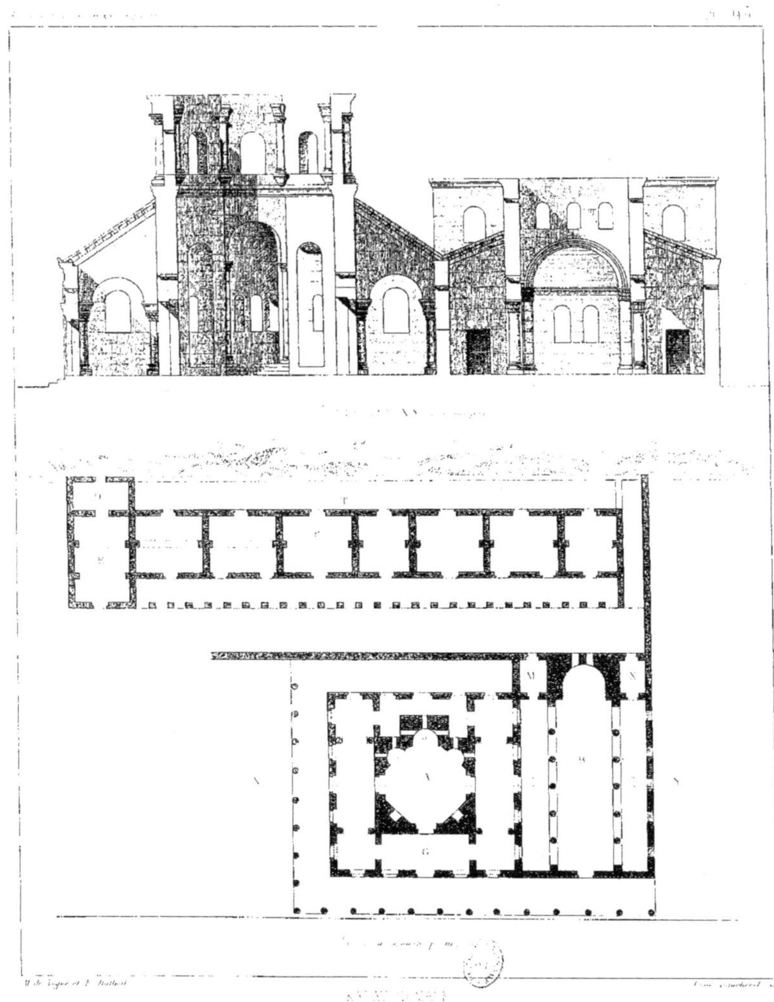

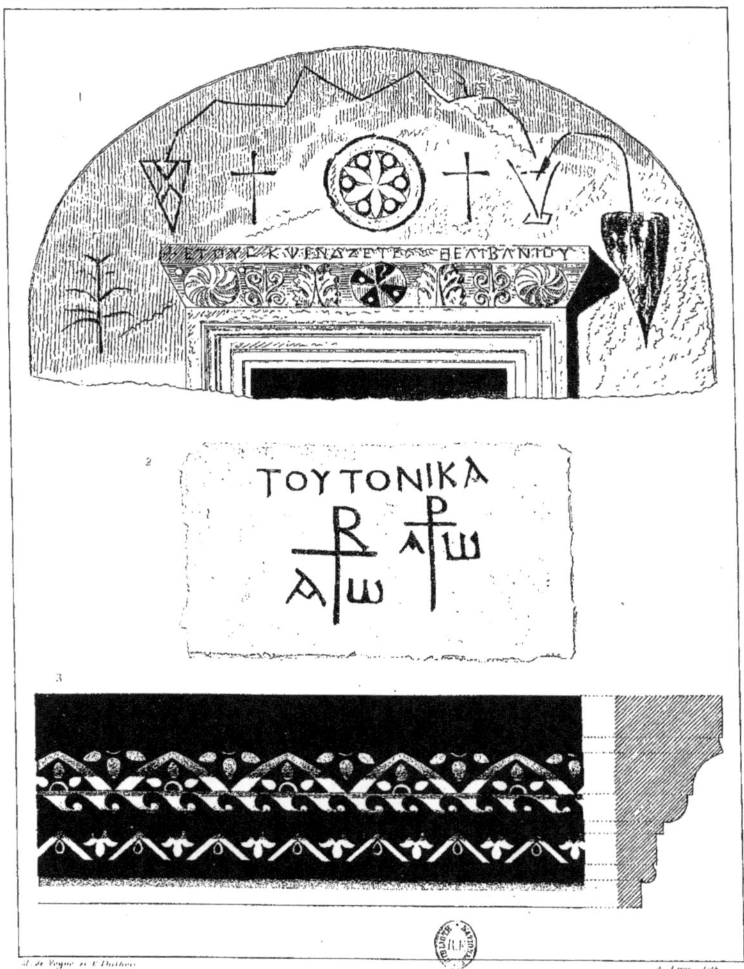

PEINTURES.

1, 2. DÊIR SAMBIL.   3. KALAT SÉMAN.

L'ARCHITECTURE CIVILE ET RELIGIEUSE EN SYRIE DU Ier AU VIIe SIÈCLE comprendra 150 planches grand in-4° : Plans, Coupes, Élévations, Détails de construction, Sculptures, etc., gravées sur acier avec le plus grand soin, par MM. Léon Gaucherel, Aug. Guillaumot, Duron, d'après les dessins de MM. Melchior de Vogüé et E. Duthoit, architecte.

Ces planches seront publiées en 30 livraisons de 5 planches chacune. — Un texte descriptif et explicatif paraîtra dans les dernières livraisons.

L'ouvrage formera deux volumes grand in-4°

Prix de l'ouvrage complet : 120 francs

CHAQUE LIVRAISON : 4 FRANCS

OUVRAGES DU MÊME AUTEUR :

LE TEMPLE DE JÉRUSALEM

MONOGRAPHIE DU HARAM-ECH-CHÉRIF (MOSQUÉE D'OMAR ET MOSQUÉE EL-AKSA)

SUIVIE

D'UN ESSAI SUR LA TOPOGRAPHIE DE LA VILLE SAINTE

VUES, COUPES, ÉLÉVATIONS, SCULPTURES, ORNEMENTATION EN COULEUR, MOSAIQUES, VITRAUX ET CARREAUX ÉMAILLÉS

Un volume in-folio, avec gravures sur bois, accompagné de 40 planches, dont 15 en couleur

Prix : 100 francs

Le Haram-ech-Chérif est l'ancienne plate-forme du *Temple de Salomon*, agrandie par Hérode. On y trouve de nombreux restes du TEMPLE JUIF qui permettent de restaurer ce monument célèbre; des monuments de l'époque chrétienne primitive ; deux grandes mosquées, dont l'une dite MOSQUÉE D'OMAR, monument du septième siècle, est ornée de mosaïques des septième et dixième siècles, de ferronneries françaises du douzième siècle, de vitraux et faïences arabes du seizième siècle.

LES ÉGLISES DE LA TERRE SAINTE

OUVRAGE COURONNÉ PAR L'ACADÉMIE DES INSCRIPTIONS ET BELLES-LETTRES

Un volume in-4° de 464 pages

Accompagné de 23 planches gravées sur acier, de 2 plans en couleur et d'un grand nombre de bois intercalés dans le texte.

Prix : 45 francs

PARIS. — J. CLAYE, IMPRIMEUR, RUE SAINT-BENOIT, 7.